Date:_____

This Morning My Mood Is:

m Looking Forward To the Day Because:_____

_____

_____

Three Things I'm Grateful for Today

1._____

2._____

3._____

The Nice Things From Today

I Did for Someone

_____

_____

_____

Someone Did for Me

_____

_____

_____

Notes and Thoughts on the Day

_____

_____

_____

_____

_____

Tonight My Mood Is:

Date:_____

This Morning My Mood Is:　　😆　😃　🙂　😐　🙁　😟　😣

I'm Looking Forward To the Day Because:_____

_____

_____

Three Things I'm Grateful for Today

1._____

2._____

3._____

The Nice Things From Today

I Did for Someone　　　　　　Someone Did for Me

_____　　_____

_____　　_____

_____　　_____

Notes and Thoughts on the Day

_____

_____

_____

_____

_____

Tonight My Mood Is:　　😆　😃　🙂　😐　🙁　😟　😣

Date:_____

This Morning My Mood Is: 😄 😃 🙂 😐 ☹️ 😢 😠

m Looking Forward To the Day Because:_____

_____

_____

_____

Three Things I'm Grateful for Today

1._____

2._____

3._____

The Nice Things From Today

I Did for Someone | Someone Did for Me

_____ | _____

_____ | _____

_____ | _____

Notes and Thoughts on the Day

_____

_____

_____

_____

_____

Tonight My Mood Is: 😄 😃 🙂 😐 ☹️ 😢 😠

Date:_____

This Morning My Mood Is:	😄 😁 🙂 😐 🙁 😣 😫

I'm Looking Forward To the Day Because:_____

_____

_____

Three Things I'm Grateful for Today

1._____

2._____

3._____

The Nice Things From Today

I Did for Someone	Someone Did for Me
_____	_____
_____	_____
_____	_____

Notes and Thoughts on the Day

_____

_____

_____

_____

_____

Tonight My Mood Is:	😄 😁 🙂 😐 🙁 😣 😫

Date:_____

This Morning My Mood Is: ☺ ☺ ☺ ☺ ☹ ☹ ☹

m Looking Forward To the Day Because:_____

_____

_____

Three Things I'm Grateful for Today

1._____

2._____

3._____

The Nice Things From Today

I Did for Someone   Someone Did for Me

_____   _____

_____   _____

_____   _____

Notes and Thoughts on the Day

_____

_____

_____

_____

_____

Tonight My Mood Is: ☺ ☺ ☺ ☺ ☹ ☹ ☹

Date:_____

This Morning My Mood Is:　😆 😃 🙂 😐 🙁 😟 😫

I'm Looking Forward To the Day Because:_____

_____

_____

Three Things I'm Grateful for Today

1._____

2._____

3._____

The Nice Things From Today

I Did for Someone   Someone Did for Me

_____   _____

_____   _____

_____   _____

Notes and Thoughts on the Day

_____

_____

_____

_____

_____

Tonight My Mood Is:　😆 😃 🙂 😐 🙁 😟 😫

Date:_____

This Morning My Mood Is: 😆 😃 🙂 😐 ☹️ 😟 😠

m Looking Forward To the Day Because:_____

_____

_____

Three Things I'm Grateful for Today

1._____

2._____

3._____

The Nice Things From Today

I Did for Someone

_____

_____

_____

Someone Did for Me

_____

_____

_____

Notes and Thoughts on the Day

_____

_____

_____

_____

_____

Tonight My Mood Is: 😆 😃 🙂 😐 ☹️ 😟 😠

Date:_____

This Morning My Mood Is:　　😀 😃 🙂 😐 🙁 😟 😲

I'm Looking Forward To the Day Because:_____

_____

_____

Three Things I'm Grateful for Today

1._____

2._____

3._____

The Nice Things From Today

I Did for Someone

_____

_____

_____

Someone Did for Me

_____

_____

_____

Notes and Thoughts on the Day

_____

_____

_____

_____

_____

Tonight My Mood Is:　　😀 😃 🙂 😐 🙁 😟 😲

Date:_____

This Morning My Mood Is: 😄 😃 🙂 😐 🙁 😟 😠

m Looking Forward To the Day Because:_____

_____

_____

Three Things I'm Grateful for Today

1._____

2._____

3._____

——— The Nice Things From Today ———

I Did for Someone   Someone Did for Me

_____   _____

_____   _____

_____   _____

——— Notes and Thoughts on the Day ———

_____

_____

_____

_____

_____

Tonight My Mood Is: 😄 😃 🙂 😐 🙁 😟 😠

Date:_____

This Morning My Mood Is: 😄 😀 🙂 😐 🙁 😢 😠

I'm Looking Forward To the Day Because:_____

_____

_____

Three Things I'm Grateful for Today

1._____

2._____

3._____

The Nice Things From Today

I Did for Someone

_____

_____

_____

Someone Did for Me

_____

_____

_____

Notes and Thoughts on the Day

_____

_____

_____

_____

_____

Tonight My Mood Is: 😄 😀 🙂 😐 🙁 😢 😠

Date:_____

This Morning My Mood Is: ☺ 😄 🙂 😐 ☹ 😢 😠

m Looking Forward To the Day Because:_____

_____

_____

_____

Three Things I'm Grateful for Today

1._____

2._____

3._____

The Nice Things From Today

I Did for Someone   Someone Did for Me

_____   _____

_____   _____

_____   _____

Notes and Thoughts on the Day

_____

_____

_____

_____

_____

_____

Tonight My Mood Is: ☺ 😄 🙂 😐 ☹ 😢 😠

Date:_____

This Morning My Mood Is: ☺ ☺ ☺ ☺ ☹ ☹ ☹

I'm Looking Forward To the Day Because:_____

_____

_____

Three Things I'm Grateful for Today

1._____

2._____

3._____

The Nice Things From Today

I Did for Someone   Someone Did for Me

_____   _____

_____   _____

_____   _____

Notes and Thoughts on the Day

_____

_____

_____

_____

_____

Tonight My Mood Is: ☺ ☺ ☺ ☺ ☹ ☹ ☹

Date:_____

This Morning My Mood Is: 😉 😁 🙂 😐 ☹️ 😟 😠

m Looking Forward To the Day Because:_____

_____

_____

Three Things I'm Grateful for Today

1._____

2._____

3._____

The Nice Things From Today

I Did for Someone

_____

_____

_____

Someone Did for Me

_____

_____

_____

Notes and Thoughts on the Day

_____

_____

_____

_____

_____

Tonight My Mood Is: 😉 😁 🙂 😐 ☹️ 😟 😠

Date:_____

This Morning My Mood Is: 😄 😃 🙂 😐 🙁 😟 😣

I'm Looking Forward To the Day Because:_____

_____

_____

Three Things I'm Grateful for Today

1._____

2._____

3._____

The Nice Things From Today

I Did for Someone   Someone Did for Me

_____   _____

_____   _____

_____   _____

Notes and Thoughts on the Day

_____

_____

_____

_____

_____

Tonight My Mood Is: 😄 😃 🙂 😐 🙁 😟 😣

Date:_____

This Morning My Mood Is: 😁 😃 🙂 😐 🙁 😟 😠

m Looking Forward To the Day Because:_____

_____

_____

_____

Three Things I'm Grateful for Today

1._____

2._____

3._____

The Nice Things From Today

I Did for Someone

_____

_____

_____

Someone Did for Me

_____

_____

_____

Notes and Thoughts on the Day

_____

_____

_____

_____

_____

Tonight My Mood Is: 😁 😃 🙂 😐 🙁 😟 😠

Date:_____

This Morning My Mood Is: 😁 😃 🙂 😐 🙁 😟 😣

I'm Looking Forward To the Day Because:_____

_____

_____

Three Things I'm Grateful for Today

1._____

2._____

3._____

The Nice Things From Today

I Did for Someone

_____

_____

_____

Someone Did for Me

_____

_____

_____

Notes and Thoughts on the Day

_____

_____

_____

_____

_____

Tonight My Mood Is: 😁 😃 🙂 😐 🙁 😟 😣

Date:_____

This Morning My Mood Is: 😄 😃 🙂 😐 🙁 😕 😦

m Looking Forward To the Day Because:_____

_____

_____

Three Things I'm Grateful for Today

1._____

2._____

3._____

The Nice Things From Today

I Did for Someone

_____

_____

_____

Someone Did for Me

_____

_____

_____

Notes and Thoughts on the Day

_____

_____

_____

_____

_____

Tonight My Mood Is: 😄 😃 🙂 😐 🙁 😕 😦

Date:_____

This Morning My Mood Is: ☺ ☺ ☺ ☺ ☹ ☹ ☹

I'm Looking Forward To the Day Because:_____

_____

_____

Three Things I'm Grateful for Today

1._____

2._____

3._____

The Nice Things From Today

I Did for Someone   Someone Did for Me

_____   _____

_____   _____

_____   _____

Notes and Thoughts on the Day

_____

_____

_____

_____

_____

Tonight My Mood Is: ☺ ☺ ☺ ☺ ☹ ☹ ☹

Date:_____

This Morning My Mood Is:　　😄　😃　🙂　😐　🙁　😟　😠

m Looking Forward To the Day Because:_____

_____

_____

Three Things I'm Grateful for Today

1._____

2._____

3._____

The Nice Things From Today

I Did for Someone　　　　　　Someone Did for Me

_____　　　_____

_____　　　_____

_____　　　_____

Notes and Thoughts on the Day

_____

_____

_____

_____

_____

Tonight My Mood Is:　　😄　😃　🙂　😐　🙁　😟　😠

Date:_____

This Morning My Mood Is: 😄 😀 🙂 😐 🙁 😟 😣

I'm Looking Forward To the Day Because:_____

_____

_____

Three Things I'm Grateful for Today

1._____

2._____

3._____

The Nice Things From Today

I Did for Someone

_____

_____

_____

Someone Did for Me

_____

_____

_____

Notes and Thoughts on the Day

_____

_____

_____

_____

_____

Tonight My Mood Is: 😄 😀 🙂 😐 🙁 😟 😣

Date:_____

This Morning My Mood Is: 😄 😃 🙂 😐 🙁 😟 😠

m Looking Forward To the Day Because:_____

_____

_____

Three Things I'm Grateful for Today

1._____

2._____

3._____

The Nice Things From Today

I Did for Someone

_____

_____

_____

Someone Did for Me

_____

_____

_____

Notes and Thoughts on the Day

_____

_____

_____

_____

_____

Tonight My Mood Is: 😄 😃 🙂 😐 🙁 😟 😠

Date:_____

This Morning My Mood Is: 😄 😃 🙂 😐 🙁 😢 😠

I'm Looking Forward To the Day Because:_____

_____

_____

Three Things I'm Grateful for Today

1._____

2._____

3._____

The Nice Things From Today

I Did for Someone

_____

_____

_____

Someone Did for Me

_____

_____

_____

Notes and Thoughts on the Day

_____

_____

_____

_____

_____

Tonight My Mood Is: 😄 😃 🙂 😐 🙁 😢 😠

Date:_____

This Morning My Mood Is: 😄 😃 🙂 😐 🙁 😟 😠

m Looking Forward To the Day Because:_____

_____

_____

_____

Three Things I'm Grateful for Today

1._____

2._____

3._____

The Nice Things From Today

I Did for Someone

_____

_____

_____

Someone Did for Me

_____

_____

_____

Notes and Thoughts on the Day

_____

_____

_____

_____

_____

_____

Tonight My Mood Is: 😄 😃 🙂 😐 🙁 😟 😠

Date:_____

This Morning My Mood Is:　😄 😁 🙂 😐 🙁 😟 😠

I'm Looking Forward To the Day Because:_____

_____

_____

Three Things I'm Grateful for Today

1._____

2._____

3._____

The Nice Things From Today

I Did for Someone

_____

_____

_____

Someone Did for Me

_____

_____

_____

Notes and Thoughts on the Day

_____

_____

_____

_____

_____

Tonight My Mood Is:　😄 😁 🙂 😐 🙁 😟 😠

Date:_____

This Morning My Mood Is:　　😄　😀　🙂　😐　🙁　😟　😠

I'm Looking Forward To the Day Because:_____

_____

_____

Three Things I'm Grateful for Today

1._____

2._____

3._____

The Nice Things From Today

I Did for Someone

_____

_____

_____

Someone Did for Me

_____

_____

_____

Notes and Thoughts on the Day

_____

_____

_____

_____

_____

_____

Tonight My Mood Is:　　😄　😀　🙂　😐　🙁　😟　😠

Date:_____

This Morning My Mood Is: 😁 😄 😊 😐 ☹️ 😰 😠

I'm Looking Forward To the Day Because:_____

_____

_____

Three Things I'm Grateful for Today

1._____

2._____

3._____

The Nice Things From Today

I Did for Someone

Someone Did for Me

_____   _____

_____   _____

_____   _____

Notes and Thoughts on the Day

_____

_____

_____

_____

_____

Tonight My Mood Is: 😁 😄 😊 😐 ☹️ 😰 😠

Date: _____

This Morning My Mood Is: 😄 😃 🙂 😐 🙁 😟 😣

m Looking Forward To the Day Because: _____

_____

_____

Three Things I'm Grateful for Today

1. _____

2. _____

3. _____

The Nice Things From Today

I Did for Someone

_____

_____

_____

Someone Did for Me

_____

_____

_____

Notes and Thoughts on the Day

_____

_____

_____

_____

_____

Tonight My Mood Is: 😄 😃 🙂 😐 🙁 😟 😣

Date:_____

This Morning My Mood Is: 😄 😁 🙂 😐 🙁 😟 😠

I'm Looking Forward To the Day Because:_____

_____

_____

Three Things I'm Grateful for Today

1._____

2._____

3._____

The Nice Things From Today

I Did for Someone

_____

_____

_____

Someone Did for Me

_____

_____

_____

Notes and Thoughts on the Day

_____

_____

_____

_____

_____

Tonight My Mood Is: 😄 😁 🙂 😐 🙁 😟 😠

Date:_____

This Morning My Mood Is:　　😄　😃　🙂　😐　🙁　😟　😠

m Looking Forward To the Day Because:_____

_____

_____

Three Things I'm Grateful for Today

1._____

2._____

3._____

The Nice Things From Today

I Did for Someone

_____

_____

_____

Someone Did for Me

_____

_____

_____

Notes and Thoughts on the Day

_____

_____

_____

_____

_____

Tonight My Mood Is:　　😄　😃　🙂　😐　🙁　😟　😠

Date:_____

This Morning My Mood Is: 😄 😃 🙂 😐 🙁 😟 😣

I'm Looking Forward To the Day Because:_____

_____

_____

Three Things I'm Grateful for Today

1._____

2._____

3._____

The Nice Things From Today

I Did for Someone   Someone Did for Me

_____   _____

_____   _____

_____   _____

Notes and Thoughts on the Day

_____

_____

_____

_____

_____

Tonight My Mood Is: 😄 😃 🙂 😐 🙁 😟 😣

Date:_____

This Morning My Mood Is: 😁 😃 🙂 😐 ☹️ 😟 😖

m Looking Forward To the Day Because:_____

_____

_____

Three Things I'm Grateful for Today

1._____

2._____

3._____

The Nice Things From Today

I Did for Someone

_____

_____

_____

Someone Did for Me

_____

_____

_____

Notes and Thoughts on the Day

_____

_____

_____

_____

_____

Tonight My Mood Is: 😁 😃 🙂 😐 ☹️ 😟 😖

Date:_____

This Morning My Mood Is: 😄 😃 🙂 😐 🙁 😟 😠

I'm Looking Forward To the Day Because:_____

_____

_____

Three Things I'm Grateful for Today

1._____

2._____

3._____

The Nice Things From Today

I Did for Someone   Someone Did for Me

_____   _____

_____   _____

_____   _____

Notes and Thoughts on the Day

_____

_____

_____

_____

_____

Tonight My Mood Is: 😄 😃 🙂 😐 🙁 😟 😠

Date:_____

This Morning My Mood Is: 😄 😁 🙂 😐 🙁 😟 😠

m Looking Forward To the Day Because:_____

_____

_____

Three Things I'm Grateful for Today

1._____

2._____

3._____

The Nice Things From Today

I Did for Someone

_____

_____

_____

Someone Did for Me

_____

_____

_____

Notes and Thoughts on the Day

_____

_____

_____

_____

_____

Tonight My Mood Is: 😄 😁 🙂 😐 🙁 😟 😠

Date:_____

This Morning My Mood Is: 😄 😃 🙂 😐 🙁 😢 😠

I'm Looking Forward To the Day Because:_____

_____

_____

Three Things I'm Grateful for Today

1._____

2._____

3._____

The Nice Things From Today

I Did for Someone   Someone Did for Me

_____   _____

_____   _____

_____   _____

Notes and Thoughts on the Day

_____

_____

_____

_____

_____

Tonight My Mood Is: 😄 😃 🙂 😐 🙁 😢 😠

Date:_____

This Morning My Mood Is: 😄 😃 🙂 😐 🙁 😟 😧

m Looking Forward To the Day Because:_____

_____

_____

Three Things I'm Grateful for Today

1._____

2._____

3._____

The Nice Things From Today

I Did for Someone

_____

_____

_____

Someone Did for Me

_____

_____

_____

Notes and Thoughts on the Day

_____

_____

_____

_____

_____

Tonight My Mood Is: 😄 😃 🙂 😐 🙁 😟 😧

Date:_____

This Morning My Mood Is: 😄 😃 🙂 😐 🙁 😟 😣

I'm Looking Forward To the Day Because:_____

_____

_____

Three Things I'm Grateful for Today

1._____

2._____

3._____

The Nice Things From Today

I Did for Someone

_____

_____

_____

Someone Did for Me

_____

_____

_____

Notes and Thoughts on the Day

_____

_____

_____

_____

_____

Tonight My Mood Is: 😄 😃 🙂 😐 🙁 😟 😣

Date:_____

This Morning My Mood Is: 😄 😁 🙂 😐 🙁 🥺 😠

m Looking Forward To the Day Because:_____

_____

_____

Three Things I'm Grateful for Today

1._____

2._____

3._____

The Nice Things From Today

I Did for Someone

_____

_____

_____

Someone Did for Me

_____

_____

_____

Notes and Thoughts on the Day

_____

_____

_____

_____

_____

Tonight My Mood Is: 😄 😁 🙂 😐 🙁 🥺 😠

Date:_____

This Morning My Mood Is: 😄 😃 🙂 😐 🙁 😟 😣

I'm Looking Forward To the Day Because:_____

_____

_____

Three Things I'm Grateful for Today

1._____

2._____

3._____

The Nice Things From Today

I Did for Someone

_____

_____

_____

Someone Did for Me

_____

_____

_____

Notes and Thoughts on the Day

_____

_____

_____

_____

_____

Tonight My Mood Is: 😄 😃 🙂 😐 🙁 😟 😣

Date:_____

This Morning My Mood Is: 😄 😁 🙂 😐 🙁 😢 😠

m Looking Forward To the Day Because:_____

_____

_____

_____

Three Things I'm Grateful for Today

1._____

2._____

3._____

The Nice Things From Today

I Did for Someone   Someone Did for Me

_____   _____

_____   _____

_____   _____

Notes and Thoughts on the Day

_____

_____

_____

_____

_____

Tonight My Mood Is: 😄 😁 🙂 😐 🙁 😢 😠

Date:_____

This Morning My Mood Is:　　😄　😃　🙂　😐　🙁　😟　😠

I'm Looking Forward To the Day Because:_____

_____

_____

Three Things I'm Grateful for Today

1._____

2._____

3._____

The Nice Things From Today

I Did for Someone

_____

_____

_____

Someone Did for Me

_____

_____

_____

Notes and Thoughts on the Day

_____

_____

_____

_____

_____

Tonight My Mood Is:　　😄　😃　🙂　😐　🙁　😟　😠

Date:_____

This Morning My Mood Is: 😄 😃 🙂 😐 🙁 😟 😠

m Looking Forward To the Day Because:_____

_____

_____

Three Things I'm Grateful for Today

1._____

2._____

3._____

The Nice Things From Today

I Did for Someone   Someone Did for Me

_____   _____

_____   _____

_____   _____

Notes and Thoughts on the Day

_____

_____

_____

_____

_____

Tonight My Mood Is: 😄 😃 🙂 😐 🙁 😟 😠

Date:_____

This Morning My Mood Is: 😄 😃 🙂 😐 🙁 😟 😣

I'm Looking Forward To the Day Because:_____

_____

_____

Three Things I'm Grateful for Today

1._____

2._____

3._____

The Nice Things From Today

I Did for Someone   Someone Did for Me

_____   _____

_____   _____

_____   _____

Notes and Thoughts on the Day

_____

_____

_____

_____

_____

Tonight My Mood Is: 😄 😃 🙂 😐 🙁 😟 😣

Date:_____

This Morning My Mood Is: 😄 😁 🙂 😐 🙁 😟 😠

m Looking Forward To the Day Because:_____

_____

_____

_____

Three Things I'm Grateful for Today

1._____

2._____

3._____

The Nice Things From Today

I Did for Someone

_____

_____

_____

Someone Did for Me

_____

_____

_____

Notes and Thoughts on the Day

_____

_____

_____

_____

_____

Tonight My Mood Is: 😄 😁 🙂 😐 🙁 😟 😠

Date:_____

This Morning My Mood Is:　😄 😃 🙂 😐 🙁 😢 😠

I'm Looking Forward To the Day Because:_____

_____

_____

Three Things I'm Grateful for Today

1._____

2._____

3._____

The Nice Things From Today

I Did for Someone　　　　　　Someone Did for Me

_____　　　　　　_____

_____　　　　　　_____

_____　　　　　　_____

Notes and Thoughts on the Day

_____

_____

_____

_____

_____

Tonight My Mood Is:　😄 😃 🙂 😐 🙁 😢 😠

Date:_____

This Morning My Mood Is: 😆 😃 🙂 😐 🙁 😟 😣

m Looking Forward To the Day Because:_____

_____

_____

Three Things I'm Grateful for Today

1._____

2._____

3._____

The Nice Things From Today

I Did for Someone   Someone Did for Me

_____   _____

_____   _____

_____   _____

Notes and Thoughts on the Day

_____

_____

_____

_____

_____

Tonight My Mood Is: 😆 😃 🙂 😐 🙁 😟 😣

Date:_____

This Morning My Mood Is: 😄 😃 🙂 😐 🙁 😟 😫

I'm Looking Forward To the Day Because:_____

_____

_____

Three Things I'm Grateful for Today

1._____

2._____

3._____

———— The Nice Things From Today ————

I Did for Someone   Someone Did for Me

_____   _____

_____   _____

_____   _____

———— Notes and Thoughts on the Day ————

_____

_____

_____

_____

_____

Tonight My Mood Is: 😄 😃 🙂 😐 🙁 😟 😫

Date:_____

This Morning My Mood Is: 😆 😀 🙂 😐 🙁 😟 😫

m Looking Forward To the Day Because:_____

_____

_____

Three Things I'm Grateful for Today

1._____

2._____

3._____

──────────   The Nice Things From Today   ──────────

I Did for Someone   Someone Did for Me

_____   _____

_____   _____

_____   _____

──────────   Notes and Thoughts on the Day   ──────────

_____

_____

_____

_____

_____

Tonight My Mood Is: 😆 😀 🙂 😐 🙁 😟 😫

Date:_____

This Morning My Mood Is:　　😄　😃　🙂　😐　🙁　😟　😣

I'm Looking Forward To the Day Because:_____

_____

_____

Three Things I'm Grateful for Today

1._____

2._____

3._____

——— The Nice Things From Today ———

I Did for Someone　　　　　　Someone Did for Me

_____　　　　　　_____

_____　　　　　　_____

_____　　　　　　_____

——— Notes and Thoughts on the Day ———

_____

_____

_____

_____

_____

Tonight My Mood Is:　　😄　😃　🙂　😐　🙁　😟　😣

Date:_____

This Morning My Mood Is: 🙂 😀 🙂 😐 🙁 😟 😠

m Looking Forward To the Day Because:_____

_____

_____

Three Things I'm Grateful for Today

1._____

2._____

3._____

The Nice Things From Today

I Did for Someone	Someone Did for Me
_____	_____
_____	_____
_____	_____

Notes and Thoughts on the Day

_____

_____

_____

_____

_____

Tonight My Mood Is: 🙂 😀 🙂 😐 🙁 😟 😠

Date:_____

This Morning My Mood Is:　😄　😃　🙂　😐　🙁　😟　😫

I'm Looking Forward To the Day Because:_____

_____

_____

Three Things I'm Grateful for Today

1._____

2._____

3._____

The Nice Things From Today

I Did for Someone　　　　　　　　Someone Did for Me

_____　　_____

_____　　_____

_____　　_____

Notes and Thoughts on the Day

_____

_____

_____

_____

_____

Tonight My Mood Is:　😄　😃　🙂　😐　🙁　😟　😫

Date:_____

This Morning My Mood Is: 😊 😀 🙂 😐 🙁 😟 😣

m Looking Forward To the Day Because:_____

_____

_____

Three Things I'm Grateful for Today

1._____

2._____

3._____

The Nice Things From Today

I Did for Someone　　　　　　Someone Did for Me

_____　　_____

_____　　_____

_____　　_____

Notes and Thoughts on the Day

_____

_____

_____

_____

_____

Tonight My Mood Is: 😊 😀 🙂 😐 🙁 😟 😣

Date:_____

This Morning My Mood Is: 😁 😃 🙂 😐 🙁 😟 😠

I'm Looking Forward To the Day Because:_____

_____

_____

Three Things I'm Grateful for Today

1._____

2._____

3._____

The Nice Things From Today

I Did for Someone   Someone Did for Me

_____   _____

_____   _____

_____   _____

Notes and Thoughts on the Day

_____

_____

_____

_____

_____

Tonight My Mood Is: 😁 😃 🙂 😐 🙁 😟 😠

Date:_____

This Morning My Mood Is: 😄 😃 🙂 😐 🙁 😟 😠

m Looking Forward To the Day Because:_____

_____

_____

Three Things I'm Grateful for Today

1._____

2._____

3._____

The Nice Things From Today

I Did for Someone

_____

_____

_____

Someone Did for Me

_____

_____

_____

Notes and Thoughts on the Day

_____

_____

_____

_____

_____

_____

Tonight My Mood Is: 😄 😃 🙂 😐 🙁 😟 😠

Date:_____

This Morning My Mood Is: 😄 😃 🙂 😐 🙁 😟 😣

I'm Looking Forward To the Day Because:_____

_____

_____

Three Things I'm Grateful for Today

1._____

2._____

3._____

The Nice Things From Today

I Did for Someone

_____

_____

_____

Someone Did for Me

_____

_____

_____

Notes and Thoughts on the Day

_____

_____

_____

_____

_____

Tonight My Mood Is: 😄 😃 🙂 😐 🙁 😟 😣

Date:_____

This Morning My Mood Is: 😆 😃 🙂 😐 🙁 😢 😠

m Looking Forward To the Day Because:_____

_____

_____

Three Things I'm Grateful for Today

1._____

2._____

3._____

The Nice Things From Today

I Did for Someone   Someone Did for Me

_____   _____

_____   _____

_____   _____

Notes and Thoughts on the Day

_____

_____

_____

_____

_____

_____

Tonight My Mood Is: 😆 😃 🙂 😐 🙁 😢 😠

Date:_____

This Morning My Mood Is: 😆 😃 🙂 😐 🙁 😢 😠

I'm Looking Forward To the Day Because:_____

_____

_____

Three Things I'm Grateful for Today

1._____

2._____

3._____

——— The Nice Things From Today ———

I Did for Someone   Someone Did for Me

_____   _____

_____   _____

_____   _____

——— Notes and Thoughts on the Day ———

_____

_____

_____

_____

_____

Tonight My Mood Is: 😆 😃 🙂 😐 🙁 😢 😠

Date:_____

This Morning My Mood Is: ☺ ☺ ☺ ☺ ☹ ☹ ☹

m Looking Forward To the Day Because:_____

_____

_____

Three Things I'm Grateful for Today

1._____

2._____

3._____

The Nice Things From Today

I Did for Someone	Someone Did for Me
_____	_____
_____	_____
_____	_____

Notes and Thoughts on the Day

_____

_____

_____

_____

_____

Tonight My Mood Is: ☺ ☺ ☺ ☺ ☹ ☹ ☹

Date:_____

This Morning My Mood Is: 😄 😃 🙂 😐 🙁 😥 😫

I'm Looking Forward To the Day Because:_____

_____

_____

Three Things I'm Grateful for Today

1._____

2._____

3._____

— The Nice Things From Today —

I Did for Someone   Someone Did for Me

_____   _____

_____   _____

_____   _____

— Notes and Thoughts on the Day —

_____

_____

_____

_____

_____

Tonight My Mood Is: 😄 😃 🙂 😐 🙁 😥 😫

Date:_____

This Morning My Mood Is: 😄 😃 🙂 😐 😦 😟 😣

I'm Looking Forward To the Day Because:_____

_____

_____

Three Things I'm Grateful for Today

1._____

2._____

3._____

The Nice Things From Today

I Did for Someone

_____

_____

_____

Someone Did for Me

_____

_____

_____

Notes and Thoughts on the Day

_____

_____

_____

_____

_____

Tonight My Mood Is: 😄 😃 🙂 😐 😦 😟 😣

Date:_____

This Morning My Mood Is:　　😆 😃 🙂 😐 🙁 😢 😠

I'm Looking Forward To the Day Because:_____

_____

_____

Three Things I'm Grateful for Today

1._____

2._____

3._____

The Nice Things From Today

I Did for Someone

_____

_____

_____

Someone Did for Me

_____

_____

_____

Notes and Thoughts on the Day

_____

_____

_____

_____

_____

Tonight My Mood Is:　　😆 😃 🙂 😐 🙁 😢 😠

Date:_____

This Morning My Mood Is:　　😆　😃　🙂　😐　☹️　😟　😠

m Looking Forward To the Day Because:_____

_____

_____

Three Things I'm Grateful for Today

1._____

2._____

3._____

The Nice Things From Today

I Did for Someone

_____

_____

_____

Someone Did for Me

_____

_____

_____

Notes and Thoughts on the Day

_____

_____

_____

_____

_____

Tonight My Mood Is:　　😆　😃　🙂　😐　☹️　😟　😠

Date:_____

This Morning My Mood Is: 😄 😃 🙂 😐 ☹️ 😢 😠

I'm Looking Forward To the Day Because:_____

_____

_____

Three Things I'm Grateful for Today

1._____

2._____

3._____

The Nice Things From Today

I Did for Someone

_____

_____

_____

Someone Did for Me

_____

_____

_____

Notes and Thoughts on the Day

_____

_____

_____

_____

_____

Tonight My Mood Is: 😄 😃 🙂 😐 ☹️ 😢 😠

Date:_____

This Morning My Mood Is:　　😄 😀 🙂 😐 🙁 😟 😩

I'm Looking Forward To the Day Because:_____

_____

_____

Three Things I'm Grateful for Today

1._____

2._____

3._____

The Nice Things From Today

I Did for Someone

_____

_____

_____

Someone Did for Me

_____

_____

_____

Notes and Thoughts on the Day

_____

_____

_____

_____

_____

_____

Tonight My Mood Is:　　😄 😀 🙂 😐 🙁 😟 😩

Date:_____

This Morning My Mood Is: 😆 😃 🙂 😐 ☹️ 😟 😫

I'm Looking Forward To the Day Because:_____

_____

_____

Three Things I'm Grateful for Today

1._____

2._____

3._____

———— The Nice Things From Today ————

I Did for Someone   Someone Did for Me

_____   _____

_____   _____

_____   _____

———— Notes and Thoughts on the Day ————

_____

_____

_____

_____

_____

Tonight My Mood Is: 😆 😃 🙂 😐 ☹️ 😟 😫

Date:_____

This Morning My Mood Is:　　😄　😃　🙂　😐　🙁　😟　😠

n Looking Forward To the Day Because:_____

_____

_____

Three Things I'm Grateful for Today

1._____

2._____

3._____

The Nice Things From Today

I Did for Someone　　　　　　　　Someone Did for Me

_____　　　　_____

_____　　　　_____

_____　　　　_____

Notes and Thoughts on the Day

_____

_____

_____

_____

_____

Tonight My Mood Is:　　😄　😃　🙂　😐　🙁　😟　😠

Date:_____

This Morning My Mood Is: 😆 😀 🙂 😐 ☹️ 😟 😖

I'm Looking Forward To the Day Because:_____
_____
_____

Three Things I'm Grateful for Today

1._____

2._____

3._____

The Nice Things From Today

I Did for Someone   Someone Did for Me

_____   _____

_____   _____

_____   _____

Notes and Thoughts on the Day

_____
_____
_____
_____
_____

Tonight My Mood Is: 😆 😀 🙂 😐 ☹️ 😟 😖

Date:_____

This Morning My Mood Is:　😄　😃　🙂　😐　🙁　😟　😣

m Looking Forward To the Day Because:_____

_____

_____

Three Things I'm Grateful for Today

1._____

2._____

3._____

The Nice Things From Today

I Did for Someone　　　　　Someone Did for Me

_____　　　　_____

_____　　　　_____

_____　　　　_____

Notes and Thoughts on the Day

_____

_____

_____

_____

_____

onight My Mood Is:　😄　😃　🙂　😐　🙁　😟　😣

Date:_____

This Morning My Mood Is: 😄 😃 🙂 😐 🙁 😟 😵

I'm Looking Forward To the Day Because:_____

_____

_____

Three Things I'm Grateful for Today

1._____

2._____

3._____

The Nice Things From Today

I Did for Someone   Someone Did for Me

_____   _____

_____   _____

_____   _____

Notes and Thoughts on the Day

_____

_____

_____

_____

_____

Tonight My Mood Is: 😄 😃 🙂 😐 🙁 😟 😵

Date:_____

This Morning My Mood Is: ☺ ☺ ☺ ☺ ☹ ☹ ☹

n Looking Forward To the Day Because:_____

_____

_____

Three Things I'm Grateful for Today

1._____

2._____

3._____

The Nice Things From Today

I Did for Someone   Someone Did for Me

_____   _____

_____   _____

_____   _____

Notes and Thoughts on the Day

_____

_____

_____

_____

_____

onight My Mood Is: ☺ ☺ ☺ ☺ ☹ ☹ ☹

Date:_____

This Morning My Mood Is: 😄 😃 🙂 😐 ☹️ 😟 😧

I'm Looking Forward To the Day Because:_____
_____
_____

Three Things I'm Grateful for Today

1._____

2._____

3._____

The Nice Things From Today

I Did for Someone

_____
_____
_____

Someone Did for Me

_____
_____
_____

Notes and Thoughts on the Day

_____
_____
_____
_____
_____

Tonight My Mood Is: 😄 😃 🙂 😐 ☹️ 😟 😧

Date:_____

This Morning My Mood Is: 😊 😃 🙂 😐 🙁 😢 😣

I'm Looking Forward To the Day Because:_____

_____

_____

_____

Three Things I'm Grateful for Today

1._____

2._____

3._____

The Nice Things From Today

I Did for Someone   Someone Did for Me

_____   _____

_____   _____

_____   _____

Notes and Thoughts on the Day

_____

_____

_____

_____

_____

_____

Tonight My Mood Is: 😊 😃 🙂 😐 🙁 😢 😣

Date:_____

This Morning My Mood Is:　　😆 😃 🙂 😐 🙁 😢 😫

I'm Looking Forward To the Day Because:_____

_____

_____

Three Things I'm Grateful for Today

1._____

2._____

3._____

The Nice Things From Today

I Did for Someone

_____

_____

_____

Someone Did for Me

_____

_____

_____

Notes and Thoughts on the Day

_____

_____

_____

_____

_____

_____

Tonight My Mood Is:　　😆 😃 🙂 😐 🙁 😢 😫

Date:_____

This Morning My Mood Is:　　😄　😃　🙂　😐　🙁　😟　😖

m Looking Forward To the Day Because:_____

_____

_____

Three Things I'm Grateful for Today

1._____

2._____

3._____

— The Nice Things From Today —

I Did for Someone   Someone Did for Me

_____   _____

_____   _____

_____   _____

— Notes and Thoughts on the Day —

_____

_____

_____

_____

_____

Tonight My Mood Is:　　😄　😃　🙂　😐　🙁　😟　😖

Date:_____

This Morning My Mood Is:	😄 😃 🙂 😐 🙁 😟 😣

I'm Looking Forward To the Day Because:_____

_____

_____

Three Things I'm Grateful for Today

1._____

2._____

3._____

The Nice Things From Today

I Did for Someone	Someone Did for Me
_____	_____
_____	_____
_____	_____

Notes and Thoughts on the Day

_____

_____

_____

_____

_____

Tonight My Mood Is:	😄 😃 🙂 😐 🙁 😟 😣

Date:_____

This Morning My Mood Is: 😄 😃 🙂 😐 🙁 😟 😡

m Looking Forward To the Day Because:_____

_____

_____

Three Things I'm Grateful for Today

1._____

2._____

3._____

The Nice Things From Today

I Did for Someone   Someone Did for Me

_____   _____

_____   _____

_____   _____

Notes and Thoughts on the Day

_____

_____

_____

_____

_____

onight My Mood Is: 😄 😃 🙂 😐 🙁 😟 😡

Date:_____

This Morning My Mood Is:　😄　😃　🙂　😐　🙁　😟　😣

I'm Looking Forward To the Day Because:_____

_____

_____

Three Things I'm Grateful for Today

1._____

2._____

3._____

The Nice Things From Today

I Did for Someone   Someone Did for Me

_____   _____

_____   _____

_____   _____

Notes and Thoughts on the Day

_____

_____

_____

_____

_____

Tonight My Mood Is:　😄　😃　🙂　😐　🙁　😟　😣

Date:_____

This Morning My Mood Is: 😄 😁 🙂 😐 🙁 🥺 😫

n Looking Forward To the Day Because:_____

_____

_____

Three Things I'm Grateful for Today

1._____

2._____

3._____

The Nice Things From Today

I Did for Someone

_____

_____

_____

Someone Did for Me

_____

_____

_____

Notes and Thoughts on the Day

_____

_____

_____

_____

_____

_____

onight My Mood Is: 😄 😁 🙂 😐 🙁 🥺 😫

Date:_____

This Morning My Mood Is: 😄 😁 🙂 😐 ☹️ 😟 😧

I'm Looking Forward To the Day Because:_____

_____

_____

Three Things I'm Grateful for Today

1._____

2._____

3._____

The Nice Things From Today

I Did for Someone   Someone Did for Me

_____   _____

_____   _____

_____   _____

Notes and Thoughts on the Day

_____

_____

_____

_____

_____

Tonight My Mood Is: 😄 😁 🙂 😐 ☹️ 😟 😧

Date:_____

This Morning My Mood Is:　😁　😄　🙂　😐　🙁　😟　😠

m Looking Forward To the Day Because:_____

_____

_____

Three Things I'm Grateful for Today

1._____

2._____

3._____

The Nice Things From Today

I Did for Someone

_____

_____

_____

Someone Did for Me

_____

_____

_____

Notes and Thoughts on the Day

_____

_____

_____

_____

_____

onight My Mood Is:　😁　😄　🙂　😐　🙁　😟　😠

Date:_____

This Morning My Mood Is: 😄 😃 🙂 😐 ☹️ 😟 😠

I'm Looking Forward To the Day Because:_____

_____

_____

Three Things I'm Grateful for Today

1._____

2._____

3._____

The Nice Things From Today

I Did for Someone

_____

_____

_____

Someone Did for Me

_____

_____

_____

Notes and Thoughts on the Day

_____

_____

_____

_____

_____

Tonight My Mood Is: 😄 😃 🙂 😐 ☹️ 😟 😠

Date:_____

This Morning My Mood Is: 😄 😊 🙂 😐 🙁 😟 😫

m Looking Forward To the Day Because:_____

_____

_____

Three Things I'm Grateful for Today

1._____

2._____

3._____

The Nice Things From Today

I Did for Someone

_____

_____

_____

Someone Did for Me

_____

_____

_____

Notes and Thoughts on the Day

_____

_____

_____

_____

_____

_____

Tonight My Mood Is: 😄 😊 🙂 😐 🙁 😟 😫

Date:_____

This Morning My Mood Is: ☺ ☺ ☺ 😐 ☹ 😢 😠

I'm Looking Forward To the Day Because:_____

_____

_____

Three Things I'm Grateful for Today

1._____

2._____

3._____

The Nice Things From Today

I Did for Someone

_____

_____

_____

Someone Did for Me

_____

_____

_____

Notes and Thoughts on the Day

_____

_____

_____

_____

_____

Tonight My Mood Is: ☺ ☺ ☺ 😐 ☹ 😢 😠

Date:_____

This Morning My Mood Is: 😄 😁 🙂 😐 🙁 😟 😠

n Looking Forward To the Day Because:_____

_____

_____

Three Things I'm Grateful for Today

1._____

2._____

3._____

The Nice Things From Today

I Did for Someone   Someone Did for Me

Notes and Thoughts on the Day

onight My Mood Is: 😄 😁 🙂 😐 🙁 😟 😠

Date:_____

This Morning My Mood Is: 😄 😃 🙂 😐 🙁 😟 😣

I'm Looking Forward To the Day Because:_____

_____

_____

Three Things I'm Grateful for Today

1._____

2._____

3._____

The Nice Things From Today

I Did for Someone

_____

_____

_____

Someone Did for Me

_____

_____

_____

Notes and Thoughts on the Day

_____

_____

_____

_____

_____

Tonight My Mood Is: 😄 😃 🙂 😐 🙁 😟 😣

Date:_____

This Morning My Mood Is: 😄 😃 🙂 😐 🙁 😟 😣

n Looking Forward To the Day Because:_____

_____

_____

Three Things I'm Grateful for Today

1._____

2._____

3._____

──── The Nice Things From Today ────

I Did for Someone   Someone Did for Me

_____   _____

_____   _____

_____   _____

──── Notes and Thoughts on the Day ────

_____

_____

_____

_____

_____

Tonight My Mood Is: 😄 😃 🙂 😐 🙁 😟 😣

Date:_____

This Morning My Mood Is:	😆 😃 🙂 😐 🙁 😟 😫

I'm Looking Forward To the Day Because:_____

_____

_____

Three Things I'm Grateful for Today

1._____

2._____

3._____

The Nice Things From Today

I Did for Someone   Someone Did for Me

_____   _____

_____   _____

_____   _____

Notes and Thoughts on the Day

_____

_____

_____

_____

_____

Tonight My Mood Is:	😆 😃 🙂 😐 🙁 😟 😫

Date:_____

This Morning My Mood Is: 😄 😃 🙂 😐 🙁 😟 😣

m Looking Forward To the Day Because:_____

_____

_____

Three Things I'm Grateful for Today

1._____

2._____

3._____

The Nice Things From Today

I Did for Someone

_____

_____

_____

Someone Did for Me

_____

_____

_____

Notes and Thoughts on the Day

_____

_____

_____

_____

_____

onight My Mood Is: 😄 😃 🙂 😐 🙁 😟 😣

Date:_____

This Morning My Mood Is: 😄 😃 🙂 😐 ☹️ 😟 😡

I'm Looking Forward To the Day Because:_____
_____
_____

Three Things I'm Grateful for Today

1._____

2._____

3._____

The Nice Things From Today

I Did for Someone	Someone Did for Me
_____	_____
_____	_____
_____	_____

Notes and Thoughts on the Day

_____
_____
_____
_____
_____

Tonight My Mood Is: 😄 😃 🙂 😐 ☹️ 😟 😡

Date:_____

This Morning My Mood Is: ☺ ☺ ☺ ☺ ☹ ☹ ☹

n Looking Forward To the Day Because:_____

_____

_____

Three Things I'm Grateful for Today

1._____

2._____

3._____

The Nice Things From Today

I Did for Someone

_____

_____

_____

Someone Did for Me

_____

_____

_____

Notes and Thoughts on the Day

_____

_____

_____

_____

_____

onight My Mood Is: ☺ ☺ ☺ ☺ ☹ ☹ ☹

Date:_____

This Morning My Mood Is: 😄 😃 🙂 😐 ☹️ 😟 😫

I'm Looking Forward To the Day Because:_____

_____

_____

Three Things I'm Grateful for Today

1._____

2._____

3._____

The Nice Things From Today

I Did for Someone

_____

_____

_____

Someone Did for Me

_____

_____

_____

Notes and Thoughts on the Day

_____

_____

_____

_____

_____

Tonight My Mood Is: 😄 😃 🙂 😐 ☹️ 😟 😫

Date:_____

This Morning My Mood Is:　😄　😃　🙂　😐　🙁　😟　😣

I'm Looking Forward To the Day Because:_____

_____

_____

Three Things I'm Grateful for Today

1._____

2._____

3._____

The Nice Things From Today

I Did for Someone　　　　　　Someone Did for Me

_____　　　　_____

_____　　　　_____

_____　　　　_____

Notes and Thoughts on the Day

_____

_____

_____

_____

_____

Tonight My Mood Is:　😄　😃　🙂　😐　🙁　😟　😣

Date:_____

This Morning My Mood Is: 😄 😃 🙂 😐 ☹️ 😢 😣

I'm Looking Forward To the Day Because:_____

_____

_____

Three Things I'm Grateful for Today

1._____

2._____

3._____

The Nice Things From Today

I Did for Someone

_____

_____

_____

Someone Did for Me

_____

_____

_____

Notes and Thoughts on the Day

_____

_____

_____

_____

_____

Tonight My Mood Is: 😄 😃 🙂 😐 ☹️ 😢 😣

Date:_____

This Morning My Mood Is: 😄 😃 🙂 😐 🙁 😟 😣

n Looking Forward To the Day Because:_____

_____

_____

Three Things I'm Grateful for Today

1._____

2._____

3._____

The Nice Things From Today

I Did for Someone

_____

_____

_____

Someone Did for Me

_____

_____

_____

Notes and Thoughts on the Day

_____

_____

_____

_____

_____

onight My Mood Is: 😄 😃 🙂 😐 🙁 😟 😣

Date:_____

This Morning My Mood Is: 😄 😃 🙂 😐 ☹️ 😟 😫

I'm Looking Forward To the Day Because:_____

_____

_____

Three Things I'm Grateful for Today

1._____

2._____

3._____

The Nice Things From Today

I Did for Someone   Someone Did for Me

_____   _____

_____   _____

_____   _____

Notes and Thoughts on the Day

_____

_____

_____

_____

_____

Tonight My Mood Is: 😄 😃 🙂 😐 ☹️ 😟 😫

Date:_____

This Morning My Mood Is:　😆　😃　🙂　😐　🙁　😟　😣

n Looking Forward To the Day Because:_____

_____

_____

Three Things I'm Grateful for Today

1._____

2._____

3._____

The Nice Things From Today

I Did for Someone   Someone Did for Me

_____   _____

_____   _____

_____   _____

Notes and Thoughts on the Day

_____

_____

_____

_____

_____

Tonight My Mood Is:　😆　😃　🙂　😐　🙁　😟　😣

Date:_____

This Morning My Mood Is: 😄 😃 🙂 😐 🙁 😟 😠

I'm Looking Forward To the Day Because:_____

_____

_____

Three Things I'm Grateful for Today

1._____

2._____

3._____

The Nice Things From Today

I Did for Someone   Someone Did for Me

_____   _____

_____   _____

_____   _____

Notes and Thoughts on the Day

_____

_____

_____

_____

_____

Tonight My Mood Is: 😄 😃 🙂 😐 🙁 😟 😠

Date:_____

This Morning My Mood Is: 😄 😃 🙂 😐 🙁 😟 😣

m Looking Forward To the Day Because:_____

_____

_____

Three Things I'm Grateful for Today

1._____

2._____

3._____

The Nice Things From Today

I Did for Someone   Someone Did for Me

_____   _____

_____   _____

_____   _____

Notes and Thoughts on the Day

_____

_____

_____

_____

_____

_____

Tonight My Mood Is: 😄 😃 🙂 😐 🙁 😟 😣

Date:_____

This Morning My Mood Is: 😁 😄 🙂 😐 🙁 😢 😠

I'm Looking Forward To the Day Because:_____

_____

_____

Three Things I'm Grateful for Today

1._____

2._____

3._____

The Nice Things From Today

I Did for Someone

_____

_____

_____

Someone Did for Me

_____

_____

_____

Notes and Thoughts on the Day

_____

_____

_____

_____

_____

Tonight My Mood Is: 😁 😄 🙂 😐 🙁 😢 😠

Date:_____

This Morning My Mood Is: 😆 😃 😊 😐 🙁 😟 😫

n Looking Forward To the Day Because:_____

_____

_____

Three Things I'm Grateful for Today

1._____

2._____

3._____

The Nice Things From Today

I Did for Someone   Someone Did for Me

_____   _____

_____   _____

_____   _____

Notes and Thoughts on the Day

_____

_____

_____

_____

_____

_____

Tonight My Mood Is: 😆 😃 😊 😐 🙁 😟 😫

Date:_____

This Morning My Mood Is: 😄 😃 🙂 😐 🙁 😟 😧

I'm Looking Forward To the Day Because:_____

_____

_____

Three Things I'm Grateful for Today

1._____

2._____

3._____

The Nice Things From Today

I Did for Someone   Someone Did for Me

_____   _____

_____   _____

_____   _____

Notes and Thoughts on the Day

_____

_____

_____

_____

Tonight My Mood Is: 😄 😃 🙂 😐 🙁 😟 😧

Date:_____

This Morning My Mood Is:　　😆　😃　🙂　😐　🙁　😟　😱

n Looking Forward To the Day Because:_____

_____

_____

Three Things I'm Grateful for Today

1._____

2._____

3._____

The Nice Things From Today

I Did for Someone　　　　　　　Someone Did for Me

_____　　　　　_____

_____　　　　　_____

_____　　　　　_____

Notes and Thoughts on the Day

_____

_____

_____

_____

_____

Tonight My Mood Is:　　😆　😃　🙂　😐　🙁　😟　😱

Date:_____

This Morning My Mood Is: 😆 😀 🙂 😐 🙁 😟 😠

I'm Looking Forward To the Day Because:_____

_____

_____

Three Things I'm Grateful for Today

1._____

2._____

3._____

The Nice Things From Today

I Did for Someone   Someone Did for Me

_____   _____

_____   _____

_____   _____

Notes and Thoughts on the Day

_____

_____

_____

_____

_____

Tonight My Mood Is: 😆 😀 🙂 😐 🙁 😟 😠

Date:_____

This Morning My Mood Is: 😄 😃 🙂 😐 ☹️ 😟 😣

m Looking Forward To the Day Because:_____

_____

_____

Three Things I'm Grateful for Today

1._____

2._____

3._____

The Nice Things From Today

I Did for Someone   Someone Did for Me

_____   _____

_____   _____

_____   _____

Notes and Thoughts on the Day

_____

_____

_____

_____

_____

Tonight My Mood Is: 😄 😃 🙂 😐 ☹️ 😟 😣

Date:_____

This Morning My Mood Is: 😄 😃 🙂 😐 🙁 😢 😠

I'm Looking Forward To the Day Because:_____

_____

_____

Three Things I'm Grateful for Today

1._____

2._____

3._____

The Nice Things From Today

I Did for Someone	Someone Did for Me
_____	_____
_____	_____
_____	_____

Notes and Thoughts on the Day

_____

_____

_____

_____

_____

Tonight My Mood Is: 😄 😃 🙂 😐 🙁 😢 😠

Date:_____

This Morning My Mood Is: 😄 😃 🙂 😐 🙁 😟 😣

n Looking Forward To the Day Because:_____

_____

_____

Three Things I'm Grateful for Today

1._____

2._____

3._____

The Nice Things From Today

I Did for Someone   Someone Did for Me

_____   _____

_____   _____

_____   _____

Notes and Thoughts on the Day

_____

_____

_____

_____

_____

onight My Mood Is: 😄 😃 🙂 😐 🙁 😟 😣

Date:_____

This Morning My Mood Is:	😄 😁 🙂 😐 🙁 😟 😣

I'm Looking Forward To the Day Because:_____

_____

_____

Three Things I'm Grateful for Today

1._____

2._____

3._____

The Nice Things From Today

I Did for Someone

_____

_____

_____

Someone Did for Me

_____

_____

_____

Notes and Thoughts on the Day

_____

_____

_____

_____

_____

Tonight My Mood Is:	😄 😁 🙂 😐 🙁 😟 😣

Date:_____

This Morning My Mood Is:　😄　😃　🙂　😐　🙁　😕　😣

m Looking Forward To the Day Because:_____

_____

_____

Three Things I'm Grateful for Today

1._____

2._____

3._____

The Nice Things From Today

I Did for Someone　　　　　　Someone Did for Me

_____　　_____

_____　　_____

_____　　_____

Notes and Thoughts on the Day

_____

_____

_____

_____

_____

_____

_____

Tonight My Mood Is:　😄　😃　🙂　😐　🙁　😕　😣

Date:_____

This Morning My Mood Is: 😆 😃 🙂 😐 🙁 😟 😫

I'm Looking Forward To the Day Because:_____

_____

_____

Three Things I'm Grateful for Today

1._____

2._____

3._____

The Nice Things From Today

I Did for Someone

_____

_____

_____

Someone Did for Me

_____

_____

_____

Notes and Thoughts on the Day

_____

_____

_____

_____

_____

Tonight My Mood Is: 😆 😃 🙂 😐 🙁 😟 😫

Date:_____

This Morning My Mood Is: 😄 😃 🙂 😐 🙁 😕 😣

n Looking Forward To the Day Because:_____

_____

_____

Three Things I'm Grateful for Today

1._____

2._____

3._____

The Nice Things From Today

I Did for Someone

_____

_____

_____

Someone Did for Me

_____

_____

_____

Notes and Thoughts on the Day

_____

_____

_____

_____

_____

_____

Tonight My Mood Is: 😄 😃 🙂 😐 🙁 😕 😣

Date:_____

This Morning My Mood Is: 😁 😃 🙂 😐 ☹️ 😢 😠

I'm Looking Forward To the Day Because:_____

_____

_____

Three Things I'm Grateful for Today

1._____

2._____

3._____

The Nice Things From Today

I Did for Someone

_____

_____

_____

Someone Did for Me

_____

_____

_____

Notes and Thoughts on the Day

_____

_____

_____

_____

_____

Tonight My Mood Is: 😁 😃 🙂 😐 ☹️ 😢 😠

Date:_____

This Morning My Mood Is:　　😄　😃　🙂　😐　☹️　😟　😫

m Looking Forward To the Day Because:_____

_____

_____

_____

Three Things I'm Grateful for Today

1._____

2._____

3._____

The Nice Things From Today

I Did for Someone

_____

_____

_____

Someone Did for Me

_____

_____

_____

Notes and Thoughts on the Day

_____

_____

_____

_____

_____

Tonight My Mood Is:　　😄　😃　🙂　😐　☹️　😟　😫

Date:_____

This Morning My Mood Is:	😄 😃 🙂 😐 🙁 😟 😣

I'm Looking Forward To the Day Because:_____

_____

_____

Three Things I'm Grateful for Today

1._____

2._____

3._____

The Nice Things From Today

I Did for Someone   Someone Did for Me

_____   _____

_____   _____

_____   _____

Notes and Thoughts on the Day

_____

_____

_____

_____

_____

Tonight My Mood Is:	😄 😃 🙂 😐 🙁 😟 😣

Date:_____

This Morning My Mood Is: 🙂 😀 🙂 😐 🙁 😟 😖

m Looking Forward To the Day Because:_____

_____

_____

Three Things I'm Grateful for Today

1._____

2._____

3._____

The Nice Things From Today

I Did for Someone

_____

_____

_____

Someone Did for Me

_____

_____

_____

Notes and Thoughts on the Day

_____

_____

_____

_____

_____

_____

onight My Mood Is: 🙂 😀 🙂 😐 🙁 😟 😖

Date:_____

| This Morning My Mood Is: | 😄 😃 🙂 😐 🙁 😟 😣 |

I'm Looking Forward To the Day Because:_____

_____

_____

Three Things I'm Grateful for Today

1._____

2._____

3._____

The Nice Things From Today

I Did for Someone   Someone Did for Me

_____   _____

_____   _____

_____   _____

Notes and Thoughts on the Day

_____

_____

_____

_____

_____

| Tonight My Mood Is: | 😄 😃 🙂 😐 🙁 😟 😣 |

Date:_____

This Morning My Mood Is: 😄 😃 🙂 😐 🙁 😟 😠

n Looking Forward To the Day Because:_____

_____

_____

Three Things I'm Grateful for Today

1._____

2._____

3._____

The Nice Things From Today

I Did for Someone   Someone Did for Me

_____   _____

_____   _____

_____   _____

Notes and Thoughts on the Day

_____

_____

_____

_____

_____

onight My Mood Is: 😄 😃 🙂 😐 🙁 😟 😠

Date:_____

This Morning My Mood Is: ☺ ☺ ☺ ☺ ☹ ☹ ☹

I'm Looking Forward To the Day Because:_____

_____

_____

Three Things I'm Grateful for Today

1._____

2._____

3._____

The Nice Things From Today

I Did for Someone	Someone Did for Me
_____	_____
_____	_____
_____	_____

Notes and Thoughts on the Day

_____

_____

_____

_____

_____

_____

Tonight My Mood Is: ☺ ☺ ☺ ☺ ☹ ☹ ☹

Date:_____

This Morning My Mood Is: 😄 😃 🙂 😐 🙁 😟 😣

n Looking Forward To the Day Because:_____

_____

_____

Three Things I'm Grateful for Today

1._____

2._____

3._____

The Nice Things From Today

I Did for Someone   Someone Did for Me

_____   _____

_____   _____

_____   _____

Notes and Thoughts on the Day

_____

_____

_____

_____

_____

_____

onight My Mood Is: 😄 😃 🙂 😐 🙁 😟 😣

Date:_____

This Morning My Mood Is:　　😆　😃　🙂　😐　☹️　🙁　😠

I'm Looking Forward To the Day Because:_____

_____

_____

Three Things I'm Grateful for Today

1._____

2._____

3._____

The Nice Things From Today

I Did for Someone　　　　　Someone Did for Me

_____　　　　_____

_____　　　　_____

_____　　　　_____

Notes and Thoughts on the Day

_____

_____

_____

_____

_____

Tonight My Mood Is:　　😆　😃　🙂　😐　☹️　🙁　😠

Date:_____

This Morning My Mood Is: ☺ ☺ ☺ ☺ ☹ ☹ ☹

m Looking Forward To the Day Because:_____

_____

_____

Three Things I'm Grateful for Today

1._____

2._____

3._____

The Nice Things From Today

I Did for Someone   Someone Did for Me

_____   _____

_____   _____

_____   _____

Notes and Thoughts on the Day

_____

_____

_____

_____

_____

Tonight My Mood Is: ☺ ☺ ☺ ☺ ☹ ☹ ☹

Date:_____

This Morning My Mood Is:　　😄　😁　🙂　😐　🙁　😟　😣

I'm Looking Forward To the Day Because:_____

_____

_____

Three Things I'm Grateful for Today

1._____

2._____

3._____

The Nice Things From Today

I Did for Someone　　　　　　　　Someone Did for Me

_____　　　_____

_____　　　_____

_____　　　_____

Notes and Thoughts on the Day

_____

_____

_____

_____

_____

Tonight My Mood Is:　　😄　😁　🙂　😐　🙁　😟　😣

Made in the USA
Las Vegas, NV
16 November 2023